Anti-Entzündungs-Ernährung

Der ultimative Leitfaden für Anfänger & über 20 erprobte Rezepte zur natürlichen Heilung Ihrer Entzündung, Behandlung des Immunsystems, Schmerzlinderung und Wiederherstellung Ihrer körperlichen Gesundheit

Von *Jennifer Louissa*

Für weitere tolle Bücher besuchen Sie uns:

HMWPublishing.com

Ein weiteres Buch kostenlos herunterladen

Ich möchte mich bei Ihnen für den Kauf dieses Buches bedanken und Ihnen ein weiteres Buch (genau so lang und wertvoll wie dieses Buch), „Gesundheits- & Fitnessfehler, von denen Sie nicht wissen, dass Sie sie machen", völlig kostenlos anbieten.

Besuchen Sie den unten stehenden Link, um sich anzumelden und es zu erhalten:

www.hmwpublishing.com/gift

In diesem Buch werde ich die häufigsten Gesundheits- und Fitnessfehler aufschlüsseln, die Sie wahrscheinlich gerade begehen, und ich werde aufzeigen, wie Sie sich leicht in die beste Form Ihres Lebens bringen können!

Zusätzlich zu diesem wertvollen Geschenk haben Sie auch die Möglichkeit, unsere neuen Bücher kostenlos zu bekommen, an Gewinnspielen teilzunehmen und andere wertvolle E-Mails von mir zu erhalten. Besuchen Sie erneut den Link, um sich anzumelden:

www.hmwpublishing.com/gift

Inhaltsverzeichnis

Einführung 7

KAPITEL 1 - Bewusstsein für Entzündungen: Die Spotlight-Prüfung 9

Was bewirkt eine Entzündung für den Körper? 9

Was verursacht den Anstieg von Entzündungen? 14

Ursachen der Entzündung 18

Symptome und Sensibilisierung 19

Kapitel 2 – DIE ROLLE VON LEBENSMITTELENTZÜNDLICHKEIT - AUSLÖSENDE LEBENSMITTEL ÜBER DIE KEINER SPRICHT 22

Die wahren Schuldigen 23

Kapitel 3 – ESSEN SIE IHRE WEGE AUS SCHMERZ UND ENTZÜNDUNG: GUTE REGELN FÜR EINE ENTZÜNDUNGSHEMMENDE ERNÄHRUNG 30

Allgemeiner Leitfaden 31

Aufnahme von Kalorien 31

Protein 36

Ballaststoffe 37

Phytonährstoffe 37

Vitamine und Mineralien 38

Andere Nahrungsergänzungsmittel 40

Wasser 41

Häufige Fehler 42

Kapitel 4 - Der ultimative Ernährungsplan gegen Entzündungen 54

Frühstück 56

Rezept #1 - Heidelbeeren & Ricotta-Haferflocken 56

Rezept #2 - Morgendliche Leckerei mit Bratkartoffeln & Tomaten 58

Rezept #3 - Krabben- und Käse-Omelett-Frühstücksgenuss 60

Rezept #4 - Einfacher Avocado-Toast mit Ei 62

Rezept #5 - Avocado-Himbeer-Smoothie 64

Rezept #6 – Hafer-Weizen-Tabbouleh 65

Rezept #7 –Haferflocken mit Heidelbeere 67

Mittagessen 69

Rezept #1 – Mediterraner Thunfischsalat 69

Rezept #2 – Quinoa-Salat Tropischer Art 72

Rezept #3 - Marinierter Rüben- & Apfelsalat 75

Rezept #4 – In der Pfanne gebratener Lachs auf Baby-Rucola-Salat 78

Rezept #5 - Kürbis-, Chili- und Kokosnusssuppe 81

Rezept #6 - Fettuccine mit Grünkohl Pesto 85

Rezept #7 - Frischer und knackiger Brokkoli 88

Abendessen 91

Rezept #1 - Gebratener Lachs mit Zucchini, Zitrone und Dill 91

Rezept #2 - Klassischer Caesar-Salat 93

Rezept #3 - Mediterrane gegrillte Lammkoteletts mit Minze 96

Rezept #4 – Brokkoli-Rabe mit Kirschpaprika 98

Rezept #5 - Gebackene Tilapia mit Pekannuss-Rosmarin-Belag 100

Rezept #6 - Gegrillte Thunfischsteaks mit Erdbeer-Mango-Salsa 103

Rezept #7 - Currygemüse mit pochiertem Ei 106

Fazit **109**

Schlussworte **111**

Über den Co-Autor **113**

EINFÜHRUNG

Jedes Mal, wenn wir an Entzündungen denken, stellen wir uns im Allgemeinen geschwollene Körperteile wie Gelenke, arthritische Gliedmaßen, steife Muskeln usw. vor. Wir verbinden diese mit Entzündungen und etwas, das ältere Menschen betrifft. Entzündungen sind jedoch mehr als Gelenkschmerzen, Gicht oder Arthritis. Tatsächlich kann und wirkt sich eine Entzündung unabhängig vom Alter auf unseren gesamten Körper aus. Es kann uns von dem Tag an beeinflussen, an dem wir geboren werden und bis zu dem Tag, an dem wir sterben.

Bevor Sie beginnen, empfehle ich Ihnen, sich für unseren E-Mail-Newsletter anzumelden, um über neue Buchveröffentlichungen oder Werbeaktionen informiert zu werden. Sie können sich kostenlos anmelden und erhalten als Bonus ein kostenloses Geschenk: unser Buch „Gesundheits- & Fitnessfehler, von denen Sie nicht wissen, dass Sie sie machen"! Dieses Buch wurde geschrieben, um zu entmystifizieren, die wichtigsten Vor- und Nachteile aufzudecken und Sie endlich mit den Informationen auszustatten, die Sie benötigen, um sich in der besten Form Ihres Lebens zu befinden. Aufgrund der überwältigenden Menge an Fehlinformationen und Lügen, die von Magazinen und selbsternannten „Gurus" erzählt werden, wird es immer schwieriger, zuverlässige Informationen zu erhalten, um in Form zu kommen. Im Gegensatz zu dutzenden von voreingenommenen, unzuverlässigen und nicht vertrauenswürdigen Quellen, um Ihre Gesundheits- und Fitnessinformationen zu erhalten. In diesem Buch ist alles aufgeschlüsselt, was Sie brauchen, damit Sie es leicht nachvollziehen und sofort Ergebnisse erzielen können, um Ihre gewünschten Fitnessziele in kürzester Zeit zu erreichen.

Um sich erneut für unseren kostenlosen E-Mail-Newsletter anzumelden und ein kostenloses Exemplar dieses wertvollen Buches zu erhalten, besuchen Sie bitte den Link und melden Sie sich jetzt an: www.hmwpublishing.com/gift

KAPITEL 1 - BEWUSSTSEIN FÜR ENTZÜNDUNGEN: DIE SPOTLIGHT-PRÜFUNG

Jedes Mal, wenn wir an Entzündungen denken, stellen wir uns im Allgemeinen geschwollene Körperteile wie Gelenke, arthritische Gliedmaßen, steife Muskeln usw. vor. Wir verbinden diese mit Entzündungen und etwas, das ältere Menschen betrifft. Entzündungen sind jedoch mehr als Gelenkschmerzen, Gicht oder Arthritis. Tatsächlich kann und tut eine Entzündung unabhängig vom Alter unseren gesamten Körper verändern. Es kann uns von dem Tag an beeinflussen, an dem wir geboren werden und bis zu dem Tag, an dem wir sterben.

Was bewirkt eine Entzündung für den Körper?

Entzündung ist der Prozess, den der Körper nutzt, um sich selbst zu schützen, da er einen Heilungsbereich im Körper schafft. Entzündungen sind normalerweise gekennzeichnet durch Schwellungen, Schmerzen, Rötungen und ein Gefühl von etwas Heißem, aber nicht jede Entzündung verursacht Symptome, die wir spüren oder erleben können.

Im Gegensatz zu unserer gemeinsamen Überzeugung, dass Entzündungen nur Menschen im Alter betreffen können, ist die traurige Wahrheit, dass Entzündungen jeden treffen können, unabhängig vom Alter. Sogar Kinder können unter Schwellungen in Form von Allergien und Asthma leiden sowie unter Körperverletzungen. Auch junge Erwachsene können an Entzündungen verschiedener Körperregionen einschließlich des Herz-Kreislauf-Systems leiden.

Einer im „Jornal de Pediatria" veröffentlichten Studie über die Wirkung von Fischöl auf kardiovaskuläre Risikofaktoren während des Wachstums von Jugendlichen zufolge stellten sie fest, dass Fischöl die kardiovaskuläre Gesundheit von leicht übergewichtigen Jugendlichen verbessert.

Erwachsene leiden in ähnlicher Weise an verschiedenen Formen von Entzündungen und können mit zunehmendem Alter zu noch schlimmeren Schwellungen neigen. Darüber hinaus kommt es jedes Jahr vermehrt zu Entzündungen, was zu höheren Todesfällen führt, die auf das Entzündungssystem des gesamten Körpers zurückzuführen sind, und diese Tatsache gerät außer Kontrolle.

Ob wir uns dessen bewusst sind oder nicht, wir alle erleben täglich eine Form von Entzündung. Nur wenigen gelingt es jedoch, den Zweck der Entzündung und den Zweck, den sie in unserem physischen Körper als Form des bewaffneten Schutzes hat, vollständig zu verstehen. Dies ist hauptsächlich eine Reaktion, die durch beschädigtes lebendes Gewebe in Ihrem Körper ausgelöst wird und oft nicht weiß, welche Schäden und Verwüstungen es für uns verursacht hat, als wir es unkontrolliert ließen.

Viele können die Rötung oder Schwellung sehen, die wir bei einer Verletzung bekommen, aber wir sind uns nicht bewusst, dass es sich nur um eine Art von Entzündung handelt, die akute Entzündung. Selbstentzündung ist ein natürlicher Prozess, und ohne sie könnte keine Heilung im Körper stattfinden. Schwere Entzündungen sind die Reaktion des Körpers auf Verletzungen und helfen uns, beschädigtes Gewebe zu reparieren und zu schützen. Es schützt uns auch vor Krankheiten und Beschwerden. Diese Art der Entzündung wirkt als eine Art Medikamentenpackung, um das Immunsystem zu heilen, indem mehr Nährstoffaktivität in den Bereich gebracht wird, in dem sie am dringendsten benötigt wird.

Eine Entzündung kann gefährlich und sogar tödlich werden, wenn sie sich als chronische Entzündung manifestiert. Wie der Name schon sagt, kommt diese Art der Inflation immer wieder vor. Dieses Medium tritt normalerweise auf, wenn der anfängliche Reiz, der zu einer akuten Entzündung führt, anhält, was bedeutet, dass der Körper ihn als ungelöst interpretiert.

Diese Form der Entzündung ist in der Natur ziemlich unheimlich, da sie lautlos angreift und Ihr Gewebe schädigt, ohne die üblichen Rötungen, Hitze, Schwellungen oder Schmerzen, die normalerweise bei akuten Entzündungen auftreten.

Beschädigtes Gewebe ist ein klassisches Kennzeichen für chronische Entzündungen und bildet häufig faseriges oder

Narbengewebe aus dem Gewebe, das einst an der Reparaturstelle auftrat. Die Angiogenese oder die Bildung neuer Blutgefäße ist ein weiteres Kennzeichen chronischer Entzündungen und spielt eine wichtige Rolle bei der Entstehung schwerwiegender Krankheiten wie Krebs.

Chronische Entzündungen gehen häufig mit Autoimmunerkrankungen einher, von viralen und bakteriellen Reaktionen über allergische Reaktionen bis hin zu einer Vielzahl anderer Krankheiten und Prozesse wie z.B.:

- Allergien

- Multiple Sklerose

- Morbus Crohn

- Herzkrankheit

- Alzheimer-Erkrankung

- Krebs

- Fettleibigkeit

- Atherosklerose

- Asthma

- Rheumatoide Arthritis

- Diabetes

- Zöliakie

- Sowie viele andere Erkrankungen, einschließlich anderer entzündlicher Erkrankungen wie Gastritis, Tendinitis, Endokarditis und vieles mehr.

Was verursacht den Anstieg von Entzündungen?

Wie bereits erwähnt, sind Entzündungen ein gesunder und natürlicher menschlicher Prozess, der zur Heilung und zum Schutz unseres Körpers beiträgt. Der Körper ist jedoch auf zwei essentielle Fettsäuren angewiesen, um diesen Prozess in unserem Inneren im Gleichgewicht zu halten.

Unser Körper braucht Nährstoffe und Mineralien, um gesund zu bleiben. Zwei der wesentlichen Elemente, die der

Körper benötigt, um die benötigten Chemikalien zu produzieren, die uns bei der Gesunderhaltung unterstützen, sind Omega-3-6-9-Fettsäuren. Die Omega-3-Fettsäuren selbst kommen häufiger in der Bio- oder Supplement-Sektion vieler Läden vor, in der hauptsächlich die Fettsäuren benötigt werden, mehr als Omega-6 und 9. Diese Fettsäuren können nicht nur in Form von Supplements, sondern auch in gesunden fetthaltigen Lebensmitteln gewonnen werden wie Eier von Lachsfischen usw.

Im Verhältnis verwendet der Körper Omega 3 zur Herstellung entzündungshemmender Chemikalien und Omega 6 zur Herstellung entzündungshemmender Verbindungen. Wenn alles im Gleichgewicht ist, kann der Körper Schadstoffe und Eindringlinge von außen automatisch bekämpfen.

Das Problem ist heute die Tatsache, dass unser Körper nicht mehr über einen angemessenen Anteil dieser benötigten Nährstoffe verfügt. Unser moderner Lebensstil hat die Menge an Omega-6, die wir konsumieren, drastisch erhöht und gleichzeitig die Aufnahme von Omega-3-Fettsäuren reduziert. Dies führt zu einem Ungleichgewicht in unserem Körpersystem, da der Körper mehr Omega-3-Fettsäuren als 6-Fettsäuren benötigt und Omega-6-Fettsäuren als solche für den Körper giftig sind.

Mit der zugesetzten Menge an Omega-6-Fettsäuren produziert unser Körper mehr entzündungshemmende Chemikalien, während der Mangel an Omega-3 die Produktion entzündungshemmender Elemente reduziert.

Das Ergebnis dieses Ungleichgewichts ist nicht nur gefährlich, sondern in verschiedenen Fällen tödlich, da sich täglich Entzündungen in unserem System aufbauen. Eine Entzündung kann ebenfalls jedes Gewebe in unserem Körper angreifen, was bedeutet, dass es sich im Herz-Kreislauf-System, in den Atemwegen, im Skelettsystem oder irgendwo in unserem Körper ansammeln kann.

Was löst es aus?

Obwohl eine akute Entzündung normalerweise von Vorteil ist, kommt es häufig zu unangenehmen Empfindungen wie

Halsschmerzen oder Juckreiz durch Insektenstiche. Typischerweise scheint ein solches Unbehagen vorübergehend zu sein und verschwindet schnell, wenn die Entzündungsreaktion ihre Funktion erfüllt hat.

Es gibt jedoch Fälle, in denen Entzündungen Schaden anrichten können. Wenn der Regulationsmechanismus der Entzündungsreaktionen gestört ist oder die Fähigkeit zur Beseitigung von beschädigtem Gewebe und Fremdstoffen beeinträchtigt ist, kann es zu einer Gewebezerstörung kommen.

In anderen Fällen kann eine beschädigte oder unangemessene Immunantwort zu einer verlängerten und schädlichen Entzündungsreaktion führen. Ein Beispiel hierfür ist Überempfindlichkeit oder allergische Reaktion. Umweltfaktoren wie Pollen, die normalerweise keine Bedrohung für eine Person darstellen, können Entzündungen und Autoimmunreaktionen auslösen. Daher wird eine chronische Entzündung durch die Immunantwort des Körpers gegen sein Gewebe stimuliert.

Ursachen der Entzündung

Zu den Faktoren, die eine Entzündung auslösen, gehören die Folgenden:

- Physikalische Wirkstoffe
- Chemikalien
- Mikroorganismen
- Unangemessene immunologische Reaktionen
- Gewebetod
- Viren und Bakterien

Viren verursachen Entzündungen, indem sie in den Körper eindringen und dessen Zellen zerstören. Bakterien setzen Substanzen frei, die als „*Endotoxine*" bezeichnet werden und Entzündungen auslösen können. Erkrankungen wie Verletzungen, Bestrahlung, Erfrierungen und Verbrennungen können das Gewebe schädigen und ebenfalls Schwellungen verursachen. Hinzu kommen ätzende Chemikalien wie Säuren, Laugen und Oxidationsmittel. Eine

Entzündung tritt auch auf, wenn das Gewebe aufgrund von Sauerstoff- oder Nährstoffmangel abstirbt. Dieser Zustand wird durch den Blutflussverlust in der betroffenen Region verursacht.

Symptome und Sensibilisierung

Die vier wichtigsten primären Anzeichen einer Entzündung sind:

- Rötung (lateinischer Rubor) – verursacht durch die Erweiterung kleiner Blutgefäße im Verletzungsbereich.

- Wärme (lateinisch: Kalor) – Wärme entsteht, wenn die Durchblutung der Region erhöht ist und wird nur in Bereichen peripherer Körperteile wie der Haut wahrgenommen. Das Fieber wird durch medizinische Entzündungsvermittler hervorgerufen, die dann zum Temperaturanstieg bei der Verletzung beitragen.

- Schmerzen (lateinisch: Schmerzen) – Die durch die Entzündung hervorgerufenen Schmerzen werden zum Teil durch die Verformung des Gewebes durch ein Ödem verursacht und auch durch spezifische chemische Entzündungsmediatoren wie Bradykinin, Prostaglandine und Serotonin verursacht.

- Schwellungen (Tumore), auch „Ödeme" genannt, werden vor allem verursacht, wenn sich außerhalb der Blutgefäße Flüssigkeit ansammelt.

Eine weitere Folge der Entzündung ist der Verlust der Funktionen des entzündeten Bereichs, eine Aktivität, die von Rudolf Virchow, einem deutschen Pathologen im 19. Jahrhundert, festgestellt wurde. Der Schaden kann durch Schmerzen verursacht werden, die die Beweglichkeit entweder aufgrund einer starken Schwellung oder infolge einer starken Schwellung, die die Bewegung in dem Bereich verhindert, beeinträchtigen.

KAPITEL 2 – DIE ROLLE VON LEBENSMITTELENTZÜNDLICHKEIT - AUSLÖSENDE LEBENSMITTEL ÜBER DIE KEINER SPRICHT

Was man isst, ist wichtig und die erste Möglichkeit, das Entzündungsrisiko zu verringern, ist die Ernährung. Zucker, Milchprodukte und Getreide gelten als die wichtigsten Straftäter. Dies bedeutet jedoch nicht, dass Sie vollständig glutenfrei sein müssen, es sei denn, Sie haben eine Zöliakie. Einige Leute sind mit Gluten okay, solange sie Weizen eliminieren, aber Roggen, Gerste oder Dinkel behalten. Das gleiche gilt für Milchprodukte und Zucker. Das Problem trat auf, als Sie anfingen, sich auf diese Lebensmittel zu verlassen, und dann mit dem Überessen begannen.

Wenn Ihr Körper entzündet ist, können Herzerkrankungen, Krebs, Akne und Alzheimer die möglichen Folgen sein.

Unser Körper ist auf vorübergehende Entzündungen angewiesen, um plötzliche Verletzungen oder Infektionen abzuwehren. Wenn die Schwellung jedoch andauert und sich wiederholt, greift das Immunsystem gesunde Zellen an und der Heilungsprozess wird destruktiv.

Es reicht nicht aus, die Aufnahme bestimmter Lebensmittel zu begrenzen. Es ist wichtig, Nahrungsmittel zu sich zu nehmen, die die Leber unterstützen, da sie für die Beseitigung von Toxinen zuständig sind – grünes Blattgemüse, Getreide, mageres Eiweiß, Kräuter, gesunde Fette und von Zeit zu Zeit gesunde organische Säfte oder zuckerarmen Tee. Dies ist der Beitrag der Natur zur Bekämpfung des Kampfes gegen Entzündungen.

Die wahren Schuldigen

Amy Wechsler, MD., eine New Yorker Dermatologin, glaubt, dass der Haupttäter bei Entzündungen Stress und nicht die Ernährung ist!

„Stress signalisiert den Adrenalindrüsen, Adrenalin freizusetzen, das dann Blut aus der Haut befördert und einen blassen, ausgewaschenen Look hinterlässt."

Stress hat ebenfalls andere Hormone freigesetzt, einschließlich Cortisol, das zu entzündlichen Hauterkrankungen wie Akne und Verspannungen beiträgt.

Um zu verhindern, dass Entzündungen Sie verletzen, tun Sie, was Sie können, um Stress zu vermeiden. Sie können Zeit mit Freunden verbringen, schlafen und mit Ihrem Partner kuscheln, regelmäßig Sport treiben und sogar Sex haben. All dies hilft Ihnen, sich weniger gestresst zu fühlen und sichtbare bleibende Anzeichen auf Ihrer Haut und Psyche zu zeigen.

Obwohl „Zucker" die meiste Zeit als Schuldiger für andere Straftäter wie Milchprodukte, Fastfood mit Transfatfüllung und Alkohol angesehen wird, müssen Sie sich bewusst sein, dass eine Entzündung dazu führen kann, dass sich eines dieser scheinbar unschuldigen Lebensmittel einschleicht, das niemand zu erwähnen scheint..

Als Nicholas Perricone, MD., ein bahnbrechender Ernährungswissenschaftler und Dermatologe, sein Buch über entzündungshemmendes Essen schrieb, glaubte er, dass unser Körper von zeitgemäßen Entzündungen abhängt, um plötzliche Verletzungen oder Infektionen abzuwehren. Wie bereits im vorigen Kapitel beschrieben, verwandelt sich der Heiler jedoch in einen Zerstörer, wenn die Entzündung chronisch wird und versehentlich gesunde Zellen angreift.

Wie bei vielen Gesundheitsproblemen spielt der Zucker eine wichtige Rolle und wird als Haupttäter herausgestellt, obwohl es auch andere gibt. Hier sind einige der scheinbar unschuldigen Lebensmittel, die überraschende Entzündungsquellen sind, die Sie mit Vorsicht in Betracht ziehen sollten.

Agave

Obwohl die Agavenpflanze als sorgloses Süßungsmittel eingeführt wurde, ist sie immer noch voller Zucker – mit einem Fruchtzuckergehalt von bis zu 90 Prozent. Dr. Perricone, ein bekannter Dermatologe, sagt: „Zucker unterdrückt die Aktivität unserer weißen Blutkörperchen und macht uns anfälliger für Infektionskrankheiten wie Grippe, Erkältungen und sogar Krebs. Zuckerüberladung führt auch dazu, dass Kollagenfasern ihre Festigkeit verlieren, wodurch die Haut anfälliger für Sonnenschäden, Absacken und Falten wird.

Frozen Joghurt

Frozen Joghurt enthält Zucker und Milchprodukte, die als potenziell entzündliche Übeltäter gelten. Milch kann nicht nur den Insulinspiegel und die männlichen Hormone steigern, sondern ist auch ein universelles Allergen, das entzündliche Reaktionen auslösen kann. Dennoch sind nicht alle Joghurts gleich, so Andrew Weil, M. D., Direktor des Arizona Center for Integrative Medicine am College of Medicine und antiinflammatorischer Evangelist.

Dr. Weil sagte, dass einige Joghurts Kasein (Milchprotein) enthalten, das Entzündungen verstärken kann, während andere spezifische Probiotika enthalten, die es reduzieren können. Es gibt auch Joghurt, der keine Milchprodukte enthält und stattdessen Kokosmilch verwendet.

Gerste und Roggen

Diese Körner sind gesund und lecker und haben nicht den gleichen Effekt wie raffinierte Kohlenhydrate in Bezug auf einen hohen Zuckergehalt, aber sie können bei manchen Menschen ebenfalls Entzündungen auslösen. Es liegt am Gluten, dass vor allem, wenn Sie empfindlich sind oder wenn Sie an Zöliakie leiden. Der Verzehr von Gerste und Roggen in Lebensmitteln oder Alkohol kann Ihre Probleme aufflammen lassen. Wenn Sie Probleme mit Ihren Gelenken und Schmerzen haben, deuten diese auf eine Entzündung hin.

Seitan:

Dieses Gemüse ist als „Weizenfleisch" bekannt, da es aus Weizengluten besteht. Wir alle wissen, dass Gluten das Immunsystem auslösen kann. Das verursacht eine Entzündung des Darms, die wirken kann und sich bei manchen Menschen in Blähungen, IBS oder Verstopfung äußert.

Erdnüsse

Erdnüsse sind wie Milch häufige Allergene, und oft sind Menschen empfindlich oder allergisch, was eine Entzündungsreaktion im Körper auslöst, während es darum kämpft, die Anwesenheit eines Fremdkörpers zu bekämpfen. Erdnüsse sind auch anfällig für Schimmel und Pilze, die laut Wood ebenfalls entzündliche Reaktionen hervorrufen können. Wählen Sie also anstelle von Erdnüssen rohe Bio-Mandeln oder andere Nüsse und Butter.

Gewürzmischungen

Wir alle lieben Gewürzmischungen, da sie dem Geschmack einen natürlichen Charakter verleihen und unsere Kochaktivitäten hervorragend abkürzen. In der Regel enthalten sie jedoch künstliche Farbstoffe, die die hormonelle Funktion beeinträchtigen und zu Entzündungen und erhöhtem Zuckergehalt führen können. Um den gleichen Geschmack ohne all die schlechten Sachen zu erreichen, verwenden Sie stattdessen eine Kombination aus Cayennepfeffer-Crack-Pfeffer, Apfelessig und Meersalz.

KAPITEL 3 – ESSEN SIE IHRE WEGE AUS SCHMERZ UND ENTZÜNDUNG: GUTE REGELN FÜR EINE ENTZÜNDUNGSHEMMENDE ERNÄHRUNG

Im Gegensatz zu anderen Diäten dient die entzündungshemmende Diät nicht zum Abnehmen – obwohl die Menschen daran abnehmen können – und sollte auch nicht für einen begrenzten Zeitraum angewendet werden.

Stattdessen können Sie auf der Grundlage wissenschaftlicher Erkenntnisse auswählen, was Sie essen sollten, um eine optimale Gesundheit zu gewährleisten.

Diese natürliche Ernährung schützt Sie nicht nur vor Entzündungen, sondern liefert Ihnen auch körperliche Energie und eine ausreichende Versorgung mit Vitaminen,

Mineralstoffen, schützenden Phytonährstoffen und den essentiellen Fettsäuren der Nahrungsfaser. Sie können Ihre Essensrezepte an diese entzündungshemmenden Ernährungsprinzipien anpassen.

Allgemeiner Leitfaden

- Verzehren Sie eine Vielzahl von Früchten und Mineralien.

- Zielen Sie auf so viele frische Lebensmittel wie möglich.

- Minimieren Sie die Aufnahme von schnellen und verarbeiteten Lebensmitteln.

Aufnahme von Kalorien

- Diese zuvor genannten Lebensmittel sind Beispiele für nicht so gute Kohlenhydrate zur Behandlung von Entzündungen, aber das bedeutet nicht, dass es keine guten Kohlenhydrate gibt. Ein gutes Beispiel für Kohlenhydrate sind Bohnen, Fisch, Eier, oberirdisch wachsendes Gemüse und natürliche Fette (wie Butter). Vermeiden Sie Zucker und stärkehaltige Lebensmittel (wie Brot, Nudeln, Reis, Bohnen und Kartoffeln).

- Wenn Sie gesunde Kohlenhydrate zu sich nehmen, können Sie bis zu 40-50 Prozent Kalorien aus Kohlenhydraten, 20-30 Prozent aus Eiweiß und 30 Prozent aus Fett zu sich nehmen.

- Nehmen Sie in jede Mahlzeit Fett, Kohlenhydrate und Eiweiß auf.

- Wenn Sie die richtige Menge an Kalorien für Ihr Aktivitätsniveau zu sich nehmen, sollten Sie keine signifikante Gewichtsabnahme feststellen.

- Erwachsene benötigen 2.000-3.000 Kalorien pro Tag. Kleinere und weniger aktive Menschen, einschließlich Frauen, benötigen weniger Kalorien, während Männer mehr benötigen.

Kohlenhydrate

- Für einen Kalorienbedarf von 2.000 pro Tag müssen erwachsene Männer 240-300 Gramm Kohlenhydrate pro Tag konsumieren, während erwachsene Frauen etwa 100-150 Gramm Kohlenhydrate pro Tag konsumieren sollten und die Mehrheit davon in Form von weniger verarbeiteten sein sollte. weniger raffinierte Lebensmittel mit niedrigem glykämischen Gehalt.

- Essen Sie Vollkornprodukte wie braunen Reis und Bulgurweizen, bei denen die Körner intakter und in wenigen, aber substanzielleren Stücken vorliegen. Diese sind Weizenmehlprodukten mit fast dem gleichen glykämischen Index wie Weißmehlprodukten weit vorzuziehen.

- Reduzieren Sie den Verzehr von Lebensmitteln aus Weizenmehl und Zucker wie Brot sowie von verpackten Lebensmitteln wie Brezeln und Pommes.

Vermeiden Sie unbedingt Produkte aus Sirup mit hohem Fruchtzuckergehalt.

- Essen Sie mehr Süßkartoffeln, Bohnen und Winterkürbisse. Die Nudeln al dente kochen und mäßig essen.

Fett

- Von den 2000 Kalorien, die an einem Tag benötigt werden, müssen 600 aus Fett (etwa 57 Gramm) und einem Verhältnis von 1 2:1 von gesättigtem zu einfach ungesättigtem zu mehrfach ungesättigtem Fett stammen.

- Sie können den Verbrauch an gesättigten Fettsäuren reduzieren, indem Sie weniger fettreichen Käse, Butter, Hühnchen ohne Haut, Produkte aus Palmkernöl und fettiges Fleisch essen. Vermeiden Sie auch Öle aus Sonnenblumen, Baumwollsamen, Mais und gemischtem Gemüse und nehmen Sie Margarine aus Ihren Mahlzeiten.

- Vermeiden Sie alle Produkte mit Eigenschaften von Hydrierölen jeglicher Art. Nehmen Sie stattdessen Nüsse und Avocados in Ihre Ernährung auf, hauptsächlich Cashewnüsse, Mandeln, Walnüsse und Nussbutter, die aus solchen Nüssen hergestellt werden.

- Verwenden Sie für Ihr primäres Speiseöl natives Olivenöl oder Kokosnussbutter. Wenn Sie ein neutral schmeckendes Rohöl wünschen, wählen Sie aus der Presse gepresstes Bio-Rapsöl. Gepresste Versionen von natürlichem, stark ölhaltigem Sonnenblumen- und Distelöl können Ihre zweite Option sein.

- Wählen Sie für Ihre Omega-3-Fettsäuren frischen, gefrorenen Wild- oder Rotlachs in Dosen, schwarzen Kabeljau (Butterfisch und Zobelfisch), in Olivenöl oder Wasser verpackte Sardinen. Mit Omega-3 angereicherte Eier; Hanfsamen, Leinsamen oder Sie können auch Fischölergänzung nehmen. Suchen Sie dazu nach Produkten, die sowohl DHA als auch EPA in einer praktischen Tagesdosis von 2-3 Gramm enthalten).

Protein

- Ihre tägliche Proteinzufuhr muss zwischen 80 und 120 Gramm liegen. Wenn Sie jedoch an Leber- oder Nierenproblemen, Autoimmunerkrankungen oder Allergien leiden, nehmen Sie weniger Protein ein.

- Verbrauchen Sie mehr Proteine aus Gemüse, insbesondere aus Sojabohnen, und verringern Sie gleichzeitig Ihren Verbrauch an tierischem Eiweiß, mit Ausnahme von Fisch und hochwertigem Naturkäse und Joghurt.

Ballaststoffe

- Nehmen Sie täglich 40 Gramm Ballaststoffe zu sich, indem Sie mehr Obst, Beeren, Vollkornprodukte und Gemüse, insbesondere Bohnen, zu sich nehmen.

- Fertiges Müsli ist ebenfalls mit guten Ballaststoffen angereichert. Achten Sie jedoch darauf, dass Sie beim Lesen des Etiketts mindestens 4 bis 5 Gramm Kleie pro Unze Portion erhalten.

Phytonährstoffe

- Um den Schutz vor altersbedingten Krankheiten wie Herz-Kreislauf-Erkrankungen, neurodegenerativen Erkrankungen und Krebs sowie umweltbedingten Toxinen zu maximieren, sollten Sie so viele Früchte, Gemüse und Pilze wie möglich verzehren.

- Wählen Sie, wann immer möglich, Bio-Produkte. Erfahren Sie, welche konventionell angebauten

Pflanzen am ehesten Pestizidrückstände enthalten, und vermeiden Sie diese.

- Essen Sie täglich regelmäßig Kreuzblütler. Beispiele sind Gemüse aus der Kohlfamilie. Nehmen Sie auch Soja in Ihre Ernährung auf.

- Trinken Sie lieber Tee anstelle von Kaffee, insbesondere weißen oder grünen Oolong-Tee von ausgezeichneter Qualität.

- Konsumiere dunkle Schokolade in moderater Menge und mit einem minimalen Kakaogehalt von 70 Prozent.)

- Wenn Sie Alkohol trinken, wählen Sie den Rotwein.

Vitamine und Mineralien

Eine Diät bestehend aus frischen Lebensmitteln oder gekocht aus frischem Gemüse ist der beste Weg, um all Ihren täglichen Bedarf an Vitaminen, Mineralstoffen und Mikronährstoffen zu decken, die Ihr Körper benötigt.

Ergänzen Sie für maximale Gesundheit und Schutz Ihre Ernährung mit den folgenden Antioxidantien.

- 200 Milligramm Vitamin C täglich

- Für Vitamin E 400 IE natürliches gemischtes Tocopherol (d-alpha-Tocopherol mit anderen Tocopherolen oder mindestens 80 mg natürliches gemischtes Tocopherol und Tocotrienol für ein besseres Ergebnis).

- 10.000-15.000 IE gemischtes Carotinoid täglich

- Selen, 200 Mikrogramm hefegebundene organische Form

- Frauen müssen täglich 500-700 Milligramm zusätzliches Calcium wie Calciumcitrat einnehmen, abhängig von ihrer Nahrungsaufnahme dieses Minerals, während Männer zusätzliches Calcium vermeiden müssen.

- Antioxidantien können ebenfalls am bequemsten als Teil eines täglichen Multivitamin- oder Multimineralzusatzes eingenommen werden, der auch 400 Mikrogramm Folsäure und 2.000 IE Vitamin D enthält. Es darf keine Menge Eisen enthalten, es sei denn, Sie sind eine Frau mit regelmäßigen Menstruationsperioden und kein vorgeformtes Vitamin A (Retinol). Verbrauchen Sie diese Ergänzungen zusammen mit Ihrer umfangreichsten Mahlzeit.

Andere Nahrungsergänzungsmittel

- Wenn Sie nicht gern fettigen Fisch essen, den Sie mindestens zweimal pro Woche zu sich nehmen müssen, nehmen Sie zusätzlich Fischöl in flüssiger oder Kapselform, etwa 2-3 Gramm täglich eines Produkts, das sowohl DHA als auch EPA enthält. Finden Sie Produkte, die molekular destilliert und zertifiziert sind, um frei von Schwermetallen und anderen Verunreinigungen zu sein.

- Wenn Sie nicht regelmäßig Kurkuma oder Ingwer essen, sollten Sie erwägen, diese in ergänzender

Form einzunehmen. Wenn Sie anfällig für Metallöl-Syndrom sind, nehmen Sie Alpha-Liponsäure, etwa 100-400 Milligramm täglich.

- Fügen Sie Coenzym Q10 (CoC10) zu Ihrem täglichen Plan hinzu: 60-100 Milligramm Weichgelform, eingenommen zu Ihrer reichhaltigsten Mahlzeit.

Wasser

- Trinken Sie den ganzen Tag über reichlich Wasser oder Getränke mit hohem Wassergehalt wie Tee, Zitronenwasser oder einen stark verdünnten Fruchtsaft.

- Verwenden Sie entweder Mineralwasser oder einen Wasserreiniger in Ihrem Haus, um sich vor Verunreinigungen zu schützen.

Häufige Fehler

Es ist ziemlich herzzerreißend zu sehen, wie Menschen versuchen, sich von Schmerzen und Entzündungen zu heilen. Sie versuchen ihr Bestes, um jede mögliche Diät zu testen, die eine Behandlung verspricht, machen aber ungewollt ein paar falsche Wendungen, die alle ihre anfänglichen Bemühungen sabotieren. Für Menschen, die wieder auf die richtige Spur kommen möchten, sind hier einige der häufigsten Fehler, die Menschen normalerweise begehen, wenn sie versuchen, sich entzündungshemmend zu ernähren.

Fehler #1 - Keine Beachtung von Nahrungsmittelempfindlichkeit

Die meisten Menschen leiden unter chronischen, entzündlichen Erkrankungen (Schilddrüsenerkrankungen, Autoimmunerkrankungen, Nebennierenfunktionsstörungen,

Verdauungsproblemen, Hauterkrankungen sowie kognitiven oder Stimmungsproblemen). Nahrungsmittelempfindlichkeiten müssen identifiziert und angegangen werden, um ihren Heilungsprozess zu unterstützen.

Während viele versuchen, sich für die Behandlung von Entzündungen zu ernähren, kommen immer noch etwa 90 Prozent nicht mit Gluten oder Kuhmilch davon, manchmal beides. Diese machen Ausreden in Form von sich selbst „Glutenleicht" oder „Ich esse nicht viel Milch". Aber eine kleine Menge Lebensmittel, auf die Sie empfindlich reagieren, löst zweifellos eine Entzündung aus.

Wenn Sie ein bisschen von diesem und jenem essen, werden Sie, ohne Rücksicht auf Ihre Ernährung, keine Besserung feststellen. Lebensmittel, die Ihre Behandlung wahrscheinlich abbrechen, müssen für mindestens zwei Wochen entfernt werden, idealerweise jedoch für 4-6 Wochen, damit Sie feststellen können, ob Sie reagieren.

Fehler #2 - Fokussierung nur auf die Lebensmittelempfindlichkeit

Auf der anderen Seite konzentrieren sich manche Menschen zu sehr auf die Eliminierung von Lebensmitteln, auf die sie empfindlich reagieren, ohne jedoch ihre Ernährung neu auszurichten. Besonders bei Gluten, denn obwohl Gluten für viele eine große Sache ist, indem Gluten vollständig von der Ernährung gestrichen wurde, ist es nicht die Lösung für das eigentliche Wohlbefinden.

Wenn Sie sich vom Gluten verabschieden möchten, durchsuchen Sie in der Regel den glutenfreien Gang eines Lebensmittelgeschäfts nach jedem verarbeiteten glutenfreien Keks, jeder gefrorenen glutenfreien Pizza oder jedem anderen verarbeiteten glutenfreien Lebensmittel, das Sie finden.

Wenn Sie verzweifelt danach sind, akute Entzündungen zu lindern, und Sie wissen, dass das Eliminieren bestimmter Lebensmittel dies bewirken kann. Sie ersetzen sie durch andere Lebensmittel, die ebenfalls nicht ideal sind – obwohl verpackte und verarbeitete Lebensmittel für kurze Zeit verwendet werden können. Vor allem für Menschen, deren Lebensstil nicht dazu geeignet ist, ganze Mahlzeiten zuzubereiten und zu kochen und wenn die Ernährung eine drastische Abkehr von ihrem Essensstil erfordert.

Daher müssen Sie, während Sie versuchen, schnelle Lösungen zu finden, um insbesondere auf lange Sicht positive Ergebnisse zu erzielen, Ihren Fokus auf das Ausbalancieren des Rests Ihrer Ernährung verlagern.

Fehler #3 - Angst vor Fett & Kalorien

Viele Menschen haben ihre Gesundheit durch strikte Kontrolle der Anzahl der Fette und des Kalorienverbrauchs verbessert. Obwohl einige ernsthaft besorgt über die Fettaufnahme in Bezug auf Herzkrankheiten sind, obwohl Berichte den Mythos zerstreuen, dass Nahrungsfett – einschließlich gesättigter Fettsäuren – mit einem erhöhten kardiovaskulären Risiko in Zusammenhang steht, sind andere weiterhin der Ansicht, dass das Loslassen von Kalorien gleichbedeutend mit einem gesunden Gewicht ist. Wenn Sie unter chronischen Erkrankungen wie

Verdauungsproblemen leiden und sich extrem kalorienarm ernähren, kann dies Ihre medizinische Situation verschlimmern. Daher müssen Sie aus dieser Art von Denkweise herauskommen. Beachten Sie, dass nährstoffreiche Lebensmittel das bedeutende Zellvolumen unseres Körpers ernähren. Sie fungieren ebenfalls als GPS, das Sie zu einem gesunden Gewicht und einem besseren allgemeinen Wohlbefinden führt. Diese Lebensmittel können Ihren Appetit stillen und Ihren Geschmack zum Besseren verändern, beispielsweise das Verlangen nach raffinierten Kohlenhydraten, Zucker und verarbeiteten Lebensmitteln.

Fett hilft bei der Regulierung Ihres Blutzuckers, fördert die Heilung des Gewebes, steigert das Sättigungsgefühl und stärkt die Immunfunktion. Sogar Ihr Gehirn besteht zu 60 Prozent aus Fett. Bei alledem ist eine gute Gesundheit nicht so absolut wie das Ein- und Aussteigen von Kalorien. Lebensgewohnheiten und verschiedene Nährstoffe steuern verschiedene Hormone und andere physiologische Prozesse in unserem Körper. Diese bestimmen, wie unser Körper arbeitet, wie wir Kohlenhydrate verbrennen und wie wir Fette speichern.

Die gute Nachricht ist also: Es bedeutet, gedämpftem Gemüse ein Ende zu setzen oder trockene Hühnerbrust zu essen. Sie können auch Hähnchenschenkel und Eigelb aus biologischem Anbau genießen! Eine andere Sache, Gemüse ist in der Tat köstlich und befriedigend, wenn es mit essbaren Fetten und Ölen zubereitet wird. Fettlösliche Vitamine A, D, E und K, die in Gemüse und anderen nährstoffreichen Lebensmitteln enthalten sind, werden vom Körper nur dann aufgenommen, wenn Sie sie zusammen mit Fett essen.

Deshalb ist es genauso wichtig, das Gute zu finden, wie das Schlechte zu meiden!

Fehler #4 - Keine konsistente Einnahme von Nahrungsergänzungsmitteln

Der Bezug von Nährstoffen aus dem, was wir essen, ist ideal, aber selbst wenn Sie sich auf Ihren täglichen Ernährungsbedarf verlassen, sind Probleme mit Böden, die landwirtschaftliche Produkte produzieren, die weniger Nährstoffe enthalten, als sie ursprünglich enthalten sollten, für unseren Körper von Nachteil. Hinzu kommen die zugrunde liegenden Bedingungen, die es Ihrem Körper schwer machen, Nährstoffe wie Verdauungsprobleme und genetische Schwankungen aufzunehmen. Es gibt also Zeiten, in denen Nahrungsergänzungsmittel zu einem wichtigen Bestandteil der Heilung chronischer Erkrankungen werden.

Nahrungsergänzungsmittel können dazu beitragen, Verdauungssymptome zu lindern, einschließlich der Behandlung eines undichten Darms, der Senkung von Entzündungen, der Entgiftung, des Ausgleichs von Hormonen und der Wiederauffüllung von Nährstoffmängeln und Ungleichgewichten. All dies sind Wurzeln von Krankheiten.

Während viele Leute auf der Ergänzung sind, ist es traurig zu wissen, dass die Mehrheit nicht gut darin ist, sie regelmäßig einzunehmen. Das heißt, die meisten von ihnen würden fast alle Arten von Nahrungsergänzungsmitteln herstellen, die sie einmal zu Hause haben, und am nächsten Tag oder den Rest der Woche alles über sie vergessen. Es dauert einige Tage, bis sie sich daran erinnern können, dass sie einen weiteren Satz dieser Multivitamine oder die Vitamine oder Mineralstoffe, die sie benötigen, herstellen sollten.

Reaktionen oder Wirkungen dieser Ergänzungen sind kumulativ und nicht unmittelbar und funktionieren nur, wenn sie regelmäßig eingenommen werden. Ergänzungen brauchen Zeit und Konsistenz, um effizient zu arbeiten.

Das Bedürfnis einer Person kann sich von dem der anderen unterscheiden, basierend auf den spezifischen Bedingungen und dem aktuellen Ernährungsniveau, das ein professioneller Gesundheitsdienstleister besonders für Menschen mit schweren Erkrankungen dringend empfiehlt. Ein nützlicher Ausgangspunkt für Menschen mit chronisch entzündlichen Erkrankungen ist jedoch der Verzehr von Vollwertnahrungsmitteln, Multivitamin- oder Multimineralien, einem Multistamm-Probiotikum oder einem Öl mit hohem Gehalt an Vitamin-Kabeljau. Fragen Sie Ihren Arzt, wenn Sie blutverdünnende Medikamente einnehmen, und probieren Sie Algenöl anstelle eines veganen Ersatzes.

Fehler #5 - Ständig wechselnde Ernährung

Diäten sind im Laufe des Jahrzehnts populär geworden, als viele sie eher als Modeerscheinung anstatt als Lebensstil oder Behandlungsprozess behandelt hatten. Die meisten befassen sich mit Selbstdiagnose und ändern ihre Ernährung und/oder ihr Nahrungsergänzungsregime bei jeder Einführung in eine neue.

Es ist einfach, Ressourcen zu lesen oder Geschichten von jemandem zu hören und sich auf das einzulassen, was er erlebt, und dann Ihre aktuelle Ernährung zu ändern, nur weil Sie das Gefühl haben, in der gleichen Situation zu sein.

Auf jeden Fall gibt es keine einheitliche Strategie, die für alle geeignet ist, und wenn Sie die Variablen kontinuierlich ändern, wird es schwieriger, festzustellen, was für Sie funktioniert. Wenn Sie sich in Bezug auf einen Diätplan richtig fühlen, halten Sie sich daran und geben Sie ihm genügend Zeit, um seine Magie zu entfalten!

Denken wir daran, dass unser Körper kompliziert ist und dass manchmal ein System vollständig geheilt werden muss, bevor es zu anderen Teilen übergeht. Wenn Sie glauben, dass

Sie keine Änderungen vornehmen, liegt dies daran, dass Sie nicht mit Ihrem ursprünglichen Plan übereinstimmen.

Fehler #6 - Die Rolle von chronischem Stress bei der Heilung nicht anerkennen

Die Ernährung spielt in Ihrer Behandlung eine wichtige Rolle, aber wenn Sie nicht effizient mit Stress umgehen, ist eine Wiedergutmachung fast unmöglich!

Wenn Sie chronischen Stress haben, schwappen Cortisol oder Stresshormone kontinuierlich durch Ihren Körper und unterdrücken Ihr Immunsystem, was zu Verdauungsproblemen wie Darmdurchlässigkeit, Gewichtszunahme und systemischen Entzündungen führt. Und weil wir ständig mit verschiedenen Stressfaktoren bombardiert werden, die mit unserem täglichen Leben zu tun haben, können wir uns nicht von ihnen lösen. Daher ist es wichtig, dass wir Wege finden, um mit Stress umzugehen.

Fehler #7 - Nicht den richtigen Aktionsplan haben

Das Fehlen eines Aktionsplans oder das Fehlen des richtigen Aktionsplans kann Sie in gewisser Weise von der Strecke bringen.

„Ich werde nach den Ferien weniger essen!"

Ein Beispiel für ein vages Ziel, da Sie nicht genau wissen, welches Ergebnis Sie erzielen möchten. Es wäre schwierig, einen Plan auf der Grundlage dieser Art von Ziel zu entwerfen. Wenn Sie etwas erreichen wollen, müssen Sie Ihre Erwartungen genau und genau definieren. Sie müssen einen Plan haben und ihn in klare und erreichbare Schritte aufteilen, die Sie irgendwie motivieren, weiterzumachen.

Ihren Plan zu ehrgeizig und nicht nachhaltig zu machen, wird auf lange Sicht in erster Linie nicht funktionieren. Nehmen Sie zum Beispiel eine zweiwöchige Reinigung, die in einem Festmahl endet. Wenn Sie Ziele festlegen, die nicht Ihrer Bereitschaft oder Bereitschaft zu einer Schicht entsprechen, müssen Sie sich verbrennen oder abstürzen, bevor Sie die endgültige Wirkung feststellen können. Jedes Mal, wenn Sie Ihr Ziel erreichen, setzt Ihr Gehirn Dopamin frei, das Glücks- und Motivationshormon, unabhängig davon, ob es klein oder groß ist. Wenn Sie dagegen versagen, kommt es zu einer Dopaminreduktion, die Ihre Motivation tötet.

Daher ist es sinnvoll, einen Plan zu erstellen, der nicht unmöglich zu verwirklichen und machbar genug ist, um in kleine umsetzbare Schritte unterteilt zu werden, die Sie zu einem zufriedenstellenden Ergebnis führen.

KAPITEL 4 - DER ULTIMATIVE ERNÄHRUNGSPLAN GEGEN ENTZÜNDUNGEN

Viele Krankheiten sind mit Entzündungen verbunden, da dies die natürliche Reaktion unseres Körpers auf Verletzungen oder Schäden ist. Arthritis, verstauchte Knöchel, Nebenhöhlen und Asthma sind nur einige davon. Es ist wichtig zu wissen, dass bestimmte Lebensmittel Entzündungen lindern. Ganz gleich, ob Sie sie essen, wenn Sie Schmerzen verspüren, oder sie lediglich in Ihre tägliche Ernährung einbeziehen – eines ist sicher: Sie helfen Ihrem Körper auf vielfältige Weise.

Mit Obst und Gemüse gefüllte Diäten sind mit Antioxidantien gefüllt, die Ihnen dabei helfen können, Entzündungen zu begrenzen. Im Folgenden finden Sie 21

Rezepte mit Antioxidantien für Frühstück, Mittag- und Abendessen für sieben Tage.

Wählen Sie aus diesen 21 Rezepten einfach Ihre Mahlzeiten für den Tag und Ihr Set aus, um ein schmerzfreies Leben vor sich zu haben!

Frühstück

Rezept #1 - Heidelbeeren & Ricotta-Haferflocken

Wie wir alle wissen, sind Heidelbeeren reich an Antioxidantien. Dieses schnelle und einfache Rezept kommt sowohl Ihrer Gesundheit als auch Ihrem Gaumen zugute.

Zutaten

- ½ Tasse Heidelbeeren
- ¼ Tasse Ricotta-Käse, fettarm
- ¾ Tasse Haferflocken, gekocht
- 1 ½ Esslöffel Mandeln, gesplittet
- 18g (oder 2 Messlöffel) Proteinpulver

Zubereitung

1. Holen Sie sich Ihre Haferflocken und mischen Sie das Proteinpulver unter.

2. Die Masse in die Servierschüssel geben und die Heidelbeeren dazugeben.

3. In der Mikrowelle ca. 2 Minuten ziehen lassen.

4. Fügen Sie die Ricotta sowie die Mandelsplitter hinzu.

Rezept #2 - Morgendliche Leckerei mit Bratkartoffeln & Tomaten

Dieses Frühstücksrezept ist einfach zuzubereiten und zu kauen und enthält viele Nährstoffe und Aromen.

Zutaten

- 3 Unzen von gekochtem Rindfleisch-Lendensteak (oder irgendeinem Fleisch), gehackt

- 2 Tomaten, in Scheiben geschnitten

- 1 Orange

- 2 Esslöffel grüner Pfeffer, gehackt

- 3 Esslöffel Zwiebel, gehackt

- 3 Esslöffel Champignons, gehackt

- ¼ Tasse gekochter Haferflocken

- ½ Teelöffel natives Olivenöl extra

- 1 Teelöffel Worcestershire-Sauce

- Salz

- Pfeffer

Zubereitung

1. Bereiten Sie Ihre Pfanne vor, indem Sie sie mit Kochspray besprühen und auf eine mittlere Flamme stellen.

2. Die Zwiebeln, Champignons und grünen Paprika in Olivenöl anbraten, bis sie weich sind.

3. Das Hackfleisch sowie die gekochten Haferflocken hinzufügen.

4. Die Gewürze und die Worcestershire-Sauce unterrühren.

5. Umrühren und einige Minuten kochen lassen.

6. Auf einen Teller geben, dann die Tomaten und die Orange hinzufügen.

Rezept #3 - Krabben- und Käse-Omelett-Frühstücksgenuss

Die Kombination von Krabbenfleisch, Käse, Hafer und Obst für diese Mahlzeit sorgt für einen ausgezeichneten Morgen. Die entzündungshemmenden Eigenschaften der Früchte und Hafer stehen für Schönheit und Gesundheit in einer Diät.

Zutaten

- 1 Unze Krabbenfleisch, aus der Dosen
- ½ Scheibe fettarmer Pfeffer-Jackkäse
- 2/3 Tasse geschnittener Hafer aus Stahl, gekocht
- ½ Tasse Schneebesen, weiß, mit Eiern
- ¼ Becher Heidelbeeren
- 1/3 Banane, gehackt
- ½ Teelöffel Zimt
- 2 Esslöffel Erdnussbutter
- Stevia

Zubereitung

1. Krabbenfleisch und Schneebesen in eine Schüssel geben und vermengen.

2. Bereiten Sie die Pfanne vor, indem Sie Olivenöl einsprühen und auf eine mittelgroße Flamme legen.

3. Die Eimasse in die Pfanne gießen und mit Käsescheiben belegen.

4. In der Zwischenzeit die Heidelbeeren, Bananenstücke, Zimt und Hafer in der Mikrowelle erwärmen.

5. Erdnussbutter und Stevia unterrühren.

6. Beachten Sie, dass die Hitze des Hafermehls die Bananenstücke schmilzt. Servieren und genießen.

Rezept #4 - Einfacher Avocado-Toast mit Ei

Eier können eine ausgezeichnete Quelle für verschiedene Nährstoffe sein, einschließlich Protein, B12, Omega-3-Fette und Selen. Selen ist ein Antioxidans, das die Zellen vor Schäden durch Entzündungen schützt. Dazu kommt diese gesunde Mahlzeit, begleitet von Spinat und Avocados, die ebenfalls reich an Antioxidantien sind.

Zutaten

- 1 Ei, pochiert oder gerührt
- ½ einer Avocado, in Scheiben geschnitten
- Eine Handvoll Spinat.
- 1-2 Scheiben geröstetes Brot (vorzugsweise glutenfrei)*
- 1½ Teelöffel Ghee
- Rote Paprikaflocken

(*Hinweis: Fügen Sie gerne eine zusätzliche Scheibe hinzu, wenn Sie es im Sandwich-Stil bevorzugen.)

Zubereitung

1. Das geröstete Brot mit Ghee bestreuen.

2. Die Avocadoscheiben auf den Toast geben und mit Spinat bestreuen.

3. Das pochierte oder gerührte Ei auf die Spinatblätter geben und mit Paprikaflocken bestreuen. Servieren und genießen!

Rezept #5 - Avocado-Himbeer-Smoothie

Die Kombination aus Avocado und Himbeere ist zwar recht eigenartig, aber die Cremigkeit der Avocado gleicht den sauren Geschmack der Himbeere aus. Beide liefern hohe Mengen an Antioxidantien, Ballaststoffen und Vitamin C, um die Abwehrkräfte zu stärken und das Wohlbefinden zu fördern.

Zutaten

- 1 Avocado, entkernt und geschält
- ½ Tasse Himbeeren
- ¾ Tasse Orangensaft
- ¾ Tasse Himbeersaft

Zubereitung

1. Einfach alle Zutaten im Mixer mischen und verarbeiten.
2. In ein hohes Glas geben und servieren.

Rezept #6 – Hafer-Weizen-Tabbouleh

Zutaten

- 1/4 Tasse Haferflocken
- 1/8 Tasse Bulgur-Weizen
- 1/4 Kiwi, geschält und gewürfelt
- 2 Esslöffel gehackte frische italienische Petersilie
- 1 Esslöffel gehackte Pekannüsse oder Mandeln
- 1/8 Tasse gewürfelte Erdbeeren
- 1/2 Teelöffel gehackte frische Minze
- Salz und frisch gemahlener Pfeffer nach Belieben

Zubereitung

1. Vermischen Sie die Haferflocken und den Bulgurweizen mit Salz nach Belieben in einer großen Schüssel und gießen Sie kochendes Wasser ein, das ausreicht, um sie zu bedecken. Etwa 45 Minuten ruhen lassen und dann durch ein Sieb zum Abtropfen bringen. Drücken Sie Hafer und Weizen gegen das

Sieb, indem Sie die Rückseite des Löffels verwenden, um Wasser zu entfernen, bevor Sie es in die Schüssel geben.

2. Alle restlichen Zutaten vermengen und verrühren. Hafer und Weizen dazugeben und würfeln. Vor dem Servieren weitere 10-15 Minuten im Kühlschrank stehen lassen.

Rezept #7 –Haferflocken mit Heidelbeere

Zutaten

- 1 Tasse glutenfreie Instant-Haferflocken
- 1 Tasse Magermilch
- 1/4 Tasse roher Honig
- 1/2 Teelöffel reiner Vanilleextrakt
- 1/2 Teelöffel gemahlener Zimt
- 1 Esslöffel geschnittene Mandeln
- 3/4 Tasse frische oder gefrorene Heidelbeeren

Zubereitung

1. Einen Topf über mittlerer Hitze platzieren. Die Milch dazugeben und zum Kochen bringen.

2. Die Haferflocken dazugeben und unter gelegentlichem Rühren ca. 2 Minuten garen.

3. Honig, Vanille und Zimt hinzufügen und dann gut vermischen.

4. Haferflocken in einer Schüssel mit Heidelbeeren darüber servieren.

Mittagessen

Rezept #1 – Mediterraner Thunfischsalat

Dieses Mittagsrezept verleiht einen Hauch von Frische und ist nicht zu schwer für den Magen. Vollgepackt mit der gesunden Qualität von Kräutern und Gewürzen, ist es ein cooler Lunch-Leckerbissen für Sie. Servieren Sie es gerne mit Toast, Crackern oder Pita-Brot.

Zutaten

- 2 x 5 Unzen Thunfischstücken aus der Dose in Wasser, abgetropft
- 2 große Tomaten*
- ¼ Tasse Kalamata oder gemischte Oliven, gehackt
- 2 Esslöffel rote Paprika, in Feuer gebraten und geschnitten.
- 2 Esslöffel frisches Basilikum, gehackt
- 2 Esslöffel rote Zwiebel, gehackt

- ¼ Tasse Mayonnaise

- 1 Esslöffel frischer Zitronensaft

- 1 Esslöffel Kapern

- Salz

- Pfeffer

*Hinweis: Anstelle von Tomaten können Sie auch Brotscheiben für ein Thunfisch-Sandwich wählen. Pita-Brot, Gemüse, Toast und Cracker können ebenfalls Ihre Wahl sein.

Zubereitung

1. Alle Zutaten (außer den Tomaten) in eine große Salatschüssel geben. Achten Sie darauf, dass sie gut kombiniert werden.

2. Die Tomaten in Sechstel schneiden, so dass ein blumenähnliches Design entsteht. Achten Sie darauf, dass Sie nicht bis zum Anschlag durch den Boden schneiden.

3. Die Scheiben vorsichtig öffnen und den Thunfischsalat direkt in die Mitte der Tomate schöpfen.

Rezept #2 – Quinoa-Salat Tropischer Art

Zutaten

- 1 Tasse getrockneter Quinoa, gespült
- 3 Tassen Romagnasalat*, grob gehackt
- benötigte Avocado, gehackt oder dünn geschnitten
- 1 große Mango, enthäutet, entsteint und gehackt
- 1 Tasse Apfel oder Karotte, fein gehackt
- 1 Tasse Cashewnüsse, grob gehackt
- ½ rote Zwiebel, fein gehackt
- ¼ Tasse Minze, fein gehackt
- ½ Zoll eines Ingwerstücks, fein gehackt
- 2 Esslöffel Honig oder Agave
- 1 Esslöffel natives Olivenöl extra
- Saft von 1 Limette
- frisch gemahlener schwarzer Pfeffer

- 1 Esslöffel Meersalz

*Hinweis: Sie können auch Ihre eigene Auswahl an grünem Gemüse verwenden.

Zubereitung

1. Für die Quinoa 2 Tassen Wasser in einem mittleren Topf kochen, die Quinoa dazugeben und köcheln lassen. Die Pfanne ca. 15-20 Minuten bedecken und vom Herd nehmen. Die Quinoa abkühlen lassen.

2. In der Zwischenzeit den gehackten Apfel (oder die Karotte) und die roten Zwiebeln in eine große Schüssel geben.

3. In einer anderen Schüssel das Olivenöl, den Limettensaft und den Honig verrühren. Die Mischung zusammen mit dem Apfel und den Zwiebeln hinzufügen.

4. Die abgekühlte Quinoa und die gehackte Mango in die Schüssel geben und würfeln.

5. Den Koriander, den Ingwer und die Minze hinzufügen. Mit Salz und Pfeffer würzen.

6. Die Mischung über den Romagnasalat (oder die Wahl des Grüns) schöpfen. Vor dem Servieren abkühlen lassen, oder bei Raumtemperatur servieren.

Rezept #3 - Marinierter Rüben- & Apfelsalat

Rüben und Äpfel gelten als Kraftpaket, wenn es um antioxidationsreiche Lebensmittel geht. Sie können Ihnen helfen, Muskelfasern zu reparieren und Ihr Immunsystem zu stärken. Dieses spezielle Rezept ist nicht nur eine gesundheitsfreundliche, sondern auch eine geschmacksfreundliche Mahlzeit.

Zutaten

- 4 mittelgroße Rüben, gewaschen
- 1 Granny Smith Apfel, gehackt
- 1 große Bananenpfeffer, gehackt
- ¼ Tasse Rotweinessig
- 1 Teelöffel Worcestershire-Sauce*.
- ¼ Tasse Oliven- oder Avocadoöl
- ¼ Teelöffel trockener Senf
- ¼ Tasse Kokoszucker oder Rohzucker

- ¼ Tasse Pekannüsse oder Walnüsse, gehackt
- ¼ Teelöffel Meersalz
- ¼ Teelöffel schwarzer Pfeffer
- ¼ Teelöffel Zwiebelsalz (optional)

*Hinweis: Wenn Sie Veganer sind, können Sie Tamari Sauce + ¼ TL Apfelessig durch die Worcestershire-Sauce ersetzen.

Zubereitung

1. Einen Zentimeter Wasser und einen Schuss Meersalz in einen großen Topf geben und über eine mittelhohe Flamme stellen. Die Rüben in den Dampfkorb legen und ca. 20 Minuten dünsten.

2. Sobald die Rüben weich geworden sind, schälen Sie sie und schneiden Sie sie Viertel.

3. In einer großen Rührschüssel den Apfel, den Bananenpfeffer und die Rüben mischen und beiseite stellen.

4. In einer kleinen Rührschüssel Zucker, Salz und andere Gewürze einarbeiten und beiseite stellen.

5. Die Rüben-Apfel-Pfeffer-Mischung mit Essig, Öl und Worcestershire-Sauce (oder Tamari) beträufeln.

6. Die Gewürzmischung zugeben und gut vermischen.

7. Den Salat ca. 8-24 Stunden lang kühl stellen, um ihn zu marinieren.

8. Vor dem Servieren Walnüsse oder Pekannüsse und jede gewünschte Würze hinzufügen.

Rezept #4 – In der Pfanne gebratener Lachs auf Baby-Rucola-Salat

Wenn Sie nach einem scharfen Geschmack suchen, kann Baby-Rucola Ihren Gaumen erfreuen.

Zutaten

Für den Lachs:

- 2 x 6 Unzen Lachsfilets im Mittelschnitt
- 1 ½ Esslöffel Olivenöl
- 1 ½ Esslöffel frischer Zitronensaft
- Salz
- Frisch gemahlener schwarzer Pfeffer

Für den Salat:

- 3 Tassen Baby-Rucola-Blätter
- 2/3 Tasse Trauben- oder Kirschtomaten, halbiert
- ¼ Tasse rote Zwiebel, dünn gehackt

- 1 Esslöffel Rotweinessig

- 1 Esslöffel natives Olivenöl extra

- Salz

- Frisch gemahlener schwarzer Pfeffer

Zubereitung

1. Die Lachsfilets in eine flache Schüssel geben. Salz, Pfeffer, Zitronensaft und Olivenöl hinzufügen. Legen Sie es für ca. 15 Minuten beiseite, damit die Aromen eindringen können.

2. Eine antihaftbeschichtete Pfanne über mittelgroße Flamme platzieren und den Lachs mit der Schale nach unten für ca. 2-3 Minuten garen.

3. Reduzieren Sie die Hitze auf mittlerer Flamme und decken Sie die Pfanne ab. Den Lachs noch ca. 3-4 Minuten ziehen lassen. Denken Sie daran, dass seine Haut knusprig und das Fleisch mittelmäßig selten sein sollte.

4. In der Zwischenzeit die Tomaten, Zwiebeln und Rucola in eine große Salatschüssel geben.

5. Vor dem Servieren Öl, Essig, Salz und Pfeffer hinzufügen. Gut vermischen und servieren.

Rezept #5 - Kürbis-, Chili- und Kokosnusssuppe

Es ist bekannt, dass Kürbis mit Beta-Cryptoxanthin angereichert ist, das ein starkes entzündungshemmendes Mittel ist. Diese Nahrung wird am besten von Ihrem Körper aufgenommen, wenn es mit Fett kombiniert wird; daher sind Öl und Sahne nicht nur für den Geschmack, sondern auch für die Wirksamkeit entscheidend.

Zutaten

Für die Kürbissuppe:

- 1,2 kg (oder 2,6 Pfund) Kürbis, geschält, entkernt und in 2-Zoll-Brocken geschnitten.

- 1 x 165ml Dose Kokosnusscreme

- 1 langes rotes Chili, entkernt

- 1 Karotte, geschält und in 2-Zoll-Stücke geschnitten

- 4 Tassen Gemüsebrühe (oder Hühnerbrühe)

- 1 Teelöffel pulverisierter Ingwer

- 1 Esslöffel Pflanzenöl

Für die Knoblauch-Croutons:

- 2 Scheiben eintägigen weißen Sauerteigs
- 1 Esslöffel Butter
- 1 Knoblauchzehe, halbiert

Zubereitung

Für die Kürbissuppe:

1. Einen großen Kochtopf über mittlerer Hitze platzieren und 1 Esslöffel Öl hinzufügen. Die Karotten- und Kürbisstücke ca. 3 Minuten garen oder bis sie hellbraun gefärbt sind. Denken Sie daran, während des kontinuierlichen Kochens zu rühren.

2. Fügen Sie die Brühe, das Chili und den Ingwer hinzu. Etwa 20 Minuten köcheln lassen oder bis die Karotte und die Kürbisstücke zart sind.

3. Die Suppe vom Herd nehmen und die Suppe mischen. Wenn Sie einen Stabmixer haben, sollte er perfekt für diesen Schritt sein.

4. Die Kokosnusscreme dazugeben, die Suppe wieder in die Hitze stellen und zum Kochen bringen.

5. Sobald es kocht, schalten Sie die Heizung aus und lassen Sie es ein wenig abkühlen.

Für die Knoblauch-Croutons:

1. Reiben Sie die Knoblauchzehe auf beiden Seiten der Brotscheiben.

2. Das Brot in 2 Zentimeter große Würfel schneiden.

3. In einer kleinen Pfanne die Butter erhitzen, bis sie sprudelnd ist.

4. Die Brotwürfel dazugeben und garen. Weiterrühren, bis die Würfel knusprig und hellbraun sind.

Zum Servieren:

1. Die Suppe in Servierschalen mit den Croutons an der Seite teilen. Geben Sie gernen einen zusätzlichen Spritzer Kokosnusscreme über die Suppe.

2. Eine Handvoll Croutons in die Suppe geben. Guten Appetit!

Rezept #6 - Fettuccine mit Grünkohl Pesto

Verpackt mit Phytonährstoffen und Mikronährstoffen ist dies nachweislich eine nahrhafte Mahlzeit.

Zutaten

Für das Pesto:

- 4 Tassen Grünkohl, gestielt und gehackt
- ½ Tasse Parmigiano-Reggiano-Käse, gerieben
- ¼ Tasse Pinienkerne
- 6 Esslöffel natives Olivenöl extra
- ¼ Teelöffel rote Paprikaflocken
- 2 Knoblauchzehen, gehackt
- 1 Teelöffel Salz

Für die Pasta:

- 1 Pfund Fettuccin-Nudeln (oder 1 Pfund Pappardelle-Nudeln)

- 1 Tasse (+ mehr) Parmigiano-Reggiano-Käse, gerieben

Zubereitung

Für das Pesto:

1. Bringen Sie einen großen Topf mit Wasser zum Kochen. Füllen Sie in der Zwischenzeit eine große Schüssel mit kaltem Wasser und Eis.
2. Den Grünkohl in das kochende Wasser tauchen und ca. 3 Minuten garen.
3. Den Grünkohl mit einer Zange auf das Eiswasser übertragen. Dieser Prozess ermöglicht es dem Grünkohl, seine leuchtend grüne Färbung zu erhalten.
4. Nach 3 Minuten den Grünkohl mit einem Sieb abgießen. Drücken Sie es fest zusammen, um überschüssiges Wasser zu entfernen.

5. Den Grünkohl und die restlichen Pestozutaten in den Mixer geben. Verarbeiten Sie es, bis Sie eine glatte Püreekonsistenz erhalten.

6. Das Pesto in einen Behälter geben und in den Kühlschrank stellen.

Für die Pasta:

- Einen großen Topf mit Wasser zum Kochen bringen. Vergessen Sie nicht, etwas Salz hinzuzufügen.

- Den Fettuccin zugeben und bissfest kochen.

- Bevor die Pasta fertig ist, 2 Esslöffel Wasser aus dem Topf nehmen und zum Pesto geben. Etwas Käse hinzufügen und gut umrühren.

- Mit dem Sieb die Nudeln abtropfen lassen und mit Pesto vermischen. Fügen Sie mehr Käse hinzu, wenn Sie wollen, und servieren Sie es.

Rezept #7 - Frischer und knackiger Brokkoli

Perfektes Rezept für Ihre entzündungshemmende Ernährung! Was gibt es noch mehr? Dieses vielseitige Rezept kann in ein Sandwich oder eine Tortilla umgewandelt werden, um Ihrem mobilen Plan gerecht zu werden.

Zutaten

- 2 Tassen Brokkoliröschen
- 2 Tassen Grünkohl, weiße Teile entfernt und gehackt
- 1 Gurke (ca. 1 ¾ Tasse), geschält, entkernt und gewürfelt
- 2 Tassen kernlose rote Trauben, in Viertel geschnitten
- 1 Tasse gekochter Quinoa, gekühlt*.
- ½ Tasse kleine rote Zwiebel, fein gewürfelt
- ½ Tasse Mandeln, gesplittet
- 2 Esslöffel vegane Mayonnaise

- 2 Teelöffel Apfelessig
- 1 Esslöffel Agavennektar
- 1 Teelöffel Mohn
- 1 ½ Esslöffel Zitronensaft
- ½ Teelöffel gemahlenes Meersalz
- ¼ Teelöffel frisch gemahlener schwarzer Pfeffer

*Hinweis: 1/3 Tasse trockener Quinoa kann eine Tasse gekochten Quinoa ergeben.

Zubereitung

1. In eine große Schüssel den Grünkohl, Brokkoli, Gurke, Trauben, Quinoa, rote Zwiebel und Mandelsplitter geben.

2. In einer kleinen Schüssel Mayonnaise, Mohn, Agavennektar, Apfelessig, Zitronensaft, Salz und gemahlenen Pfeffer verrühren.

3. Das Salatdressing zum Gemüse geben.

4. Mit dem Gemüse vermischen, bis das Dressing gut kombiniert ist. Servieren.

Abendessen

Rezept #1 - Gebratener Lachs mit Zucchini, Zitrone und Dill

Mit Zucchini, Zitrone und Dill ist diese Mahlzeit vollgepackt mit entzündungshemmenden Eigenschaften, die Ihrer Gesundheit zugute kommen können.

Zutaten

- 4 x 8 Unzen von Lachsfilets, hautfrei
- 2 Zitronen, geviertelt und entkernt
- 3 mittlere Zucchini (ca. 1 ½ Pfund), diagonal in 1 Zoll dicke Scheiben geschnitten.
- 8 Zweige frischer Dill
- 2 Esslöffel Olivenöl
- Salz
- Gemahlener Pfeffer

Zubereitung

1. Erhitzen Sie Ihren Grill und platzieren Sie es 4 Zoll über die Hitze.

2. Die Zitronen, den Dill und die Zucchini in ein großrahmige, broilerfeste Backblech geben.

3. Die Mischung mit Öl beträufeln und mit Salz und gemahlenem Pfeffer würzen. Vermischen Sie es, um alles gut zu beschichten.

4. Die Lachsfilets auf das Gemüse legen und jeweils mit Salz und Pfeffer würzen.

5. Etwa 15-20 Minuten braten oder bis das Gemüse zart ist und der Fisch undurchsichtig erscheint.

Rezept #2 - Klassischer Caesar-Salat

Dieses Rezept enthält Spitzenprodukte für eine entzündungshemmende Ernährung: Oregano, Oliven, Tomaten und Gurken. Wenn Sie den mediterranen Stil zum Abendessen möchten, dann probieren Sie dies!

Zutaten

- 5 persische Gurken

- 12 bis 14 kleine, reife Tomaten, geviertelt

- 1 kleine rote Zwiebel, halbiert und dünn geschnitten

- 1 x 4 Unzen Block Griechischer Fetakäse, verpackt in Salzlake

- 1 Tasse Kalamata-Oliven, halbiert und entkernt

- ¼ Tasse Rotweinessig

- Saft aus einer Zitrone + geriebene Schale

- 1 Teelöffel getrockneter Oregano

- ¼ Tasse natives Olivenöl extra (+ mehr zum Nieselregen)

- 1 Teelöffel Honig

- Koscheres Salz

- Frisch gemahlener Pfeffer

- Frische Oreganoblätter, zum Nachfüllen (optional)

Zubereitung

1. In einer Schüssel mit stark gesalzenem Eiswasser die roten Zwiebeln ca. 15 Minuten einweichen.

2. In einer großen Schüssel den Essig, den getrockneten Oregano, den Honig, einen halben Teelöffel Salz, einen viertel Teelöffel Pfeffer, Zitronensaft und Schale mischen.

3. Das Olivenöl langsam und vorsichtig unterrühren, bis es vollständig mit der Mischung vermischt ist.

4. Die Oliven und Tomaten dazugeben und vermischen.

5. In der Zwischenzeit die Gurken schälen und ein abwechselndes grünes Streifenmuster erzeugen. Vergiss nicht, die Enden zu schneiden, sie in Längsrichtung zu halbieren und etwa einen halben Zoll dick quer zu schneiden.

6. Die Gurken in die Schüssel geben.

7. Die roten Zwiebeln abtropfen lassen, in die Schüssel geben und vermischen, um eine Masse zu erhalten.

8. Den Feta abtropfen lassen und horizontal in 4 gleichmäßige Rechtecke schneiden.

9. Den Salat auf die Servierplatten geben.

10. Vor dem Servieren mit Oregano, Feta und einem Schuss Olivenöl bestreuen. Sie können auch mit gemahlenem Pfeffer würzen.

Rezept #3 - Mediterrane gegrillte Lammkoteletts mit Minze

Die entzündungshemmenden Eigenschaften der Minze ermöglichen es Ihnen, Verdauungsstörungen, Kolitis, Blähungen und IBS (Reizdarmsyndrom) zu verhindern. Gepaart mit Lammkoteletts erwartet Sie ein gesundes und angenehmes Abendessen mit Ihren Lieben.

Zutaten

- 12 kleine Rippchen (ca. 2 1/3 Pfund) Lammkoteletts
- ½ Tasse (+ mehr zum Bestreuen) mit frischen Minzblättern, gehackt
- ⅓ Tasse natives Olivenöl extra
- ¼ Teelöffel rote Paprikaflocken
- 2 Knoblauchzehen, zerquetscht
- Meersalz

Zubereitung

1. Erwärmen Sie Ihren Grill auf mittlerer Stufe.

2. In einer mittelgroßen Schüssel mischen: Gehackte Minzblätter, rote Paprikaflocken, Salz und Olivenöl.

3. Die Lammkoteletts mit Knoblauch einreiben. Achten Sie darauf, alle Seiten einzureiben.

4. Einige Esslöffel Minzmischung in eine kleine Schüssel geben und damit die Lammkoteletts damit bestreichen.

5. Die Lammkoteletts ca. 3-4 Minuten pro Seite grillen. Geh mittel-selten. Zum Testen drücken Sie den mittleren Teil des Lammkoteletts mit dem Finger. Wenn er leicht fest ist, dann ist es Medium-Rare.

6. Die Koteletts auf den Teller geben und mit der Minzmischung weiter bestreichen.

7. Mit Minze bestreuen und mit der restlichen Minzmischung an der Seite servieren.

Rezept #4 – Brokkoli-Rabe mit Kirschpaprika

Brokkoli-Rabe oder Rapini, genau wie sein Cousin – Brokkoli, ist ein Superfood. Es ist mit den Vitaminen A, B, C, K, Eisen, Kalium, Kalzium, Magnesium, Zink und Omega-3-Fett gefüllt. Es hat krebsbekämpfende und entzündungshemmende Eigenschaften, die Ihrem Körper helfen können, gesund und munter zu bleiben.

Zutaten

- 2 Trauben Brokkoli-Robe
- ¼ Tasse Kirschpaprika oder Pimiento im Glas, in Scheiben geschnitten
- 2 Esslöffel Flüssigkeit aus dem Kirschpfefferglas
- 1 Esslöffel Olivenöl
- 2 Knoblauchzehen, in Scheiben geschnitten
- Parmesankäse rasiert
- Salz
- Pfeffer

Zubereitung

1. Den Brokkoli-Rabe ca. 7 Minuten dämpfen, oder bis er weich ist, dünsten.

2. Beim Dämpfen einen Topf auf mittleres Feuer stellen und das Olivenöl erhitzen.

3. Die Knoblauchzehen dazugeben und goldbraun braten.

4. Die Kirschpaprika und 2 Esslöffel Flüssigkeit aus dem Behälter unterrühren.

5. Den Brokkoli-Rabe dazugeben und mit Salz und Pfeffer würzen.

6. Zum Schluss mit Olivenöl beträufeln und mit geriebenem Parmesankäse bestreuen.

Rezept #5 - Gebackene Tilapia mit Pekannuss-Rosmarin-Belag

Tilapia ist eine ausgezeichnete Quelle für Selen, ein Mineral mit antioxidativen Eigenschaften, das helfen kann, Zellen vor Schäden zu schützen. Kombinieren Sie dieses Gericht mit glutenfreiem Brot, und Sie werden ein gesünderes Abendessen erleben!

Zutaten

- 4 x 4 Unzen Tilapia-Filets
- ⅓ Tasse rohe Pekannüsse, gehackt
- 2 Teelöffel frischer Rosmarin, gehackt
- ⅓ Becher mit Panko-Brotkrümeln
- 1 Eiweiß
- ½ Teelöffel brauner Zucker
- 1 Prise Cayennepfeffer
- 1½ Teelöffel Olivenöl

- ⅛ Teelöffel Salz

Anweisungen

1. Heizen Sie Ihren Ofen auf 350°F vor.

2. Paniermehl, Pekannüsse, Cayennepfeffer, Zucker und Salz in einer kleinen Auflaufform verrühren.

3. Olivenöl hinzufügen und alles in die Pfanne geben.

4. Die Pekannussmischung ca. 7-8 Minuten oder goldbraun backen.

5. Als nächstes die Hitze auf 400°F erhöhen und Kochspray auf eine große Glasauflaufform auftragen.

6. In einer anderen flachen Schüssel das Eiweiß verquirlen.

7. Die Tilapia-Filets tauchen, indem man sie Stück für Stück in das Eiweiß und dann in die Pekannussmischung taucht. Jede Seite gleichmäßig beschichten.

8. Legen Sie die Filets in die Glasauflaufform.

9. Die restliche Pekannussmischung auf die Oberseite der Filets legen und pressen.

10. Ca. 10 Minuten backen und heiß servieren.

Rezept #6 - Gegrillte Thunfischsteaks mit Erdbeer-Mango-Salsa

Erdbeeren haben sicher ihren Platz als eines der an Antioxidantien reichen Lebensmittel verdient, während Mangos für Ihre Verdauung geeignet sind. Beide sind vollgepackt mit Vitaminen und Mineralien, die unser Körper braucht. Und ist Thunfisch eine ausgezeichnete Quelle für antioxidative Omega-3-Fettsäuren. Bringen Sie sie alle in einem üppigen Mahl zusammen, und Sie haben ein fabelhaftes Abendessen.

Zutaten

Für den Thunfisch:

- 1½ Pfund Thunfisch-Steaks
- 1 Esslöffel Olivenöl

Für die Salsa:

- ⅔ Tasse Erdbeeren, gewürfelt
- ⅔ Tasse Mango, gewürfelt

- 3 Esslöffel frischer Koriander, gehackt
- 2 Esslöffel rote Zwiebeln, gewürfelt
- 1 Jalapeno, fein gehackt
- 1 Knoblauchzehe, zerdrückt
- 2 Teelöffel frischer Limettensaft
- 1 Esslöffel Olivenöl

Zubereitung

1. Erhitzen Sie Ihren Gasgrill auf mittlere Hitze.

2. Während Sie auf Ihren Grill warten, bürsten Sie die Thunfischsteaks mit Olivenöl und legen Sie sie beiseite.

3. Für die Salsa die Erdbeeren, Mangos, Knoblauch und Zwiebeln in eine Schüssel geben und würfeln.

4. Koriander, Jalapeno, Öl und Limettensaft hinzufügen.

5. Sobald der Grill bereits heiß ist, die Thunfischsteaks ca. 6-8 Minuten pro Seite garen.

6. Die Thunfischsteaks vom Grill nehmen und auf die Servierplatten geben.

7. Vor dem Servieren jedes Steak mit Erdbeer-Mangosalsa belegen. Guten Appetit!

Rezept #7 - Currygemüse mit pochiertem Ei

Trotz der himmlischen Güte der Eier ist der wahre Starspieler für dieses Rezept das Currygemüse. Knoblauch, Kichererbsen, Zucchini, Karotten und Blumenkohl enthalten entzündungshemmende Eigenschaften, die unsere allgemeine Gesundheit schützen und unser Immunsystem stärken.

Zutaten

- 4 frische Eier

- 1 x 14 Unzen Kichererbsen aus der Dose (oder Barbanzo-Bohnen), abgetropft

- ¼ Blumenkohlkopf, grob gehackt

- 2 Karotten, in Runden geschnitten

- 1 Zucchini, gehackt

- 1 kleine Zwiebel, gewürfelt

- 3 Knoblauchzehen, gehackt

- 1 Tasse einfache Tomatensauce

- 2 Teelöffel Currypulver

- ½ Teelöffel Ingwer

- ½ Teelöffel Kreuzkümmel

- 1 Tasse Wasser

- 2 Esslöffel Olivenöl

- Salz

- Pfeffer

- Petersilie oder Koriander, zum Garnieren

Zubereitung

1. Den Topf auf mittleres Feuer stellen und das Öl erhitzen. Die Zwiebeln ca. 3 Minuten anbraten und den Knoblauch dazugeben. Setzen Sie das Braten beider Zutaten für weitere 2 Minuten fort.

2. Den Blumenkohl, die Kichererbsen und die Karotten dazugeben. Weitere 4-5 Minuten braten.

3. Die Zucchini und die Gewürze unterrühren. Weitere 3 Minuten garen, bis Sie das Aroma der Gewürze riechen können.

4. Tomatensoße und Wasser unterrühren. Den Topf mit Deckel abdecken und die Masse köcheln lassen, bis der Blumenkohl zart geworden ist.

5. Als nächstes jedes Ei vorsichtig in die Pfanne schlagen. Seien Sie vorsichtig, damit Sie das Eigelb nicht zerbrechen. Denken Sie daran - nicht rühren!

6. Nochmals mit einem Deckel abdecken und die Eier entsprechend der gewünschten Konsistenz garen lassen.

7. Vorsichtig in Servierschalen geben und jeweils mit Koriander (oder Petersilie) garnieren. Sie können auch Ihre Lieblingssauce hinzufügen, wenn Sie wollen. Guten Appetit!

FAZIT

Unser Körper ist eine perfekte Maschine mit einem eingebauten Widerstand gegen schädliche äußere Faktoren sowie Selbstheilungskräfte, die Entzündungen sind. Zusammen mit modernem Leben, Fortschritt und Technologie wurde die Nahrungskette jedoch erheblich beeinflusst, ebenso wie unsere Ökologie und unser natürliches Leben. Industrieabfälle hatten unserem Boden Schaden zugefügt und ihm natürliche Elemente entzogen, die für jede Pflanzenart, die von ihm abhängt, Nährstoffe liefern. Sogar Tieren, die auf die Natur angewiesen sind, wurden ihre vorläufigen Nährstoffe entzogen, die sich in der Tat ebenfalls auf die Nahrung auswirken, die wir essen.

Pflanzen und Tiere haben uns lange Zeit mit allen natürlichen Elementen und Nährstoffen versorgt, die unser Körper benötigt. Leider wurde ihr schwacher Zustand zu unserem Defizit in Bezug auf mit Nährstoffen angereicherte Quellen. Aufgrund unseres Bedarfs an Massenproduktion beschäftigen sich weniger Menschen mit der natürlichen

Produktion von Lebensmitteln. Daher wurde unser Entzündungsprozess, der die Selbstheilungsfunktion unseres Körpers darstellt, chaotisch, und anstatt den Körper zu heilen, wird er destruktiv.

Um unseren Körper vor mehr Schaden und Entzündungen zu bewahren, müssen wir lernen, wie wir unseren Körper vor mehr Schaden schützen und die richtige Ernährung anwenden können, um alles wieder an den richtigen Ort zu bringen. Wenn der Körper stark und gesund ist, müssen wir uns nicht um Krankheiten und Gesundheitszustände kümmern, da unser Körper weiß, was für uns am besten ist.

Wir hoffen, Ihnen mit diesem Buch ein ausreichendes Wissen darüber vermittelt zu haben, wie Entzündungen in unserem Körper wirken und wie wir negative Entzündungsreaktionen verhindern können. Mit dem richtigen Plan und der richtigen Ernährung, wie wir sie in diesem Buch beschrieben haben, glauben wir, dass Sie ein gesünderes und glücklicheres Leben führen können!

SCHLUSSWORTE

Nochmals vielen Dank für den Kauf dieses Buches!

Ich hoffe wirklich, dass dieses Buch Ihnen helfen kann.

Der nächste Schritt ist, dass Sie <u>sich für unseren E-Mail-Newsletter anmelden, um</u> über neue Buchveröffentlichungen oder Werbeaktionen informiert zu werden. Sie können sich kostenlos anmelden und erhalten als Bonus unser Buch „*7 Fitnessfehler, von denen Sie nicht wissen, dass Sie sie machen*"! Dieses Bonusbuch bricht viele der häufigsten Fitnessfehler auf und entmystifiziert viele der Komplexitäten und der Wissenschaft, sich in Form zu bringen. Wenn Sie all diese Fitnesskenntnisse und -wissenschaften in einem umsetzbaren Schritt-für-Schritt-Buch zusammenfassen, können Sie Ihre Fitnessreise in die richtige Richtung beginnen! Um sich für unseren kostenlosen E-Mail-Newsletter anzumelden und Ihr kostenloses Buch zu erhalten, besuchen Sie bitte den Link und melden Sie sich an: <u>www.hmwpublishing.com/gift</u>

Wenn Ihnen dieses Buch gefallen hat, dann möchte ich Sie um einen Gefallen bitten, wären Sie so freundlich, eine Rezension für dieses Buch zu hinterlassen? Ich wäre Ihnen sehr dankbar!

Vielen Dank und viel Glück auf Ihrer Reise!

ÜBER DEN CO-AUTOR

Mein Name ist George Kaplo. Ich bin ein zertifizierter Personal Trainer aus Montreal, Kanada. Ich beginne damit zu sagen, dass ich nicht der breiteste Typ bin, den Sie jemals treffen werden, und das war nie wirklich mein Ziel. Tatsächlich habe ich begonnen, meine größte Unsicherheit zu überwinden, als ich jünger war, was mein Selbstvertrauen war. Das lag an meiner Größe von nur 168 cm (5 Fuß 5 Zoll), die mich dazu drängte, alles zu versuchen, was ich jemals im Leben erreichen wollte.

Möglicherweise stehen Sie gerade vor einigen Herausforderungen oder Sie möchten einfach nur fit werden, und ich fühle mit Sicherheit mit Ihnen mit.

Ich persönlich war immer ein bisschen an der Gesundheits- und Fitnesswelt interessiert und wollte wegen der zahlreichen Mobbingfälle in meinen Teenagerjahren wegen meiner Größe und meines übergewichtigen Körpers etwas Muskeln aufbauen. Ich dachte, ich könnte nichts gegen meine Körpergröße tun, aber ich kann sicher etwas dagegen tun, wie mein Körper aussieht. Dies war der Beginn meiner Transformationsreise. Ich hatte keine Ahnung, wo ich anfangen sollte, aber ich habe gerade erst angefangen. Ich war manchmal besorgt und hatte Angst, dass andere Leute sich über mich lustig machen würden, wenn sie die Übungen falsch machten. Ich wünschte immer, ich hätte einen Freund neben mir, der sich auskennt, um mir den Einstieg zu erleichtern und mich mit allem vertraut gemacht hätte.

Nach viel Arbeit, Studium und unzähligen Versuchen und Irrtümern begannen einige Leute zu bemerken, wie ich fit wurde und wie ich anfing, mich für das Thema zu interessieren. Dies führte dazu, dass viele Freunde und neue Gesichter zu mir kamen und mich um Rat fragten. Zuerst kam es mir seltsam vor, als Leute mich baten, ihnen zu helfen, in Form zu kommen. Aber was mich am Laufen hielt, war, als sie Veränderungen in ihrem eigenen Körper bemerkten und mir sagten, dass es das erste Mal war, dass sie echte Ergebnisse sahen! Von dort kamen immer mehr Leute zu mir und mir wurde klar, dass es mir nach so viel Lesen und Lernen in diesem Bereich geholfen hat, aber es erlaubte mir auch, anderen zu helfen. Ich bin jetzt ein vollständig zertifizierter Personal Trainer und habe zahlreiche Kunden trainiert, die erstaunliche Ergebnisse erzielt haben.

Heute besitzen und betreiben mein Bruder Alex Kaplo (ebenfalls zertifizierter Personal Trainer) und ich dieses

Verlagsprojekt, in dem wir leidenschaftliche und erfahrene Autoren zusammenbringen, um über Gesundheits- und Fitnessthemen zu schreiben. Wir betreiben auch eine Online-Fitness-Website „HelpMeWorkout.com". Ich würde mich freuen, wenn ich Sie einladen darf, diese Website zu besuchen und sich für unseren E-Mail-Newsletter anmelden (Sie erhalten sogar ein kostenloses Buch).

Zu guter Letzt, wenn Sie in der Position sind, in der ich einmal war und Sie etwas Hilfe wünschen, zögern Sie nicht und fragen Sie... Ich werde da sein, um Ihnen zu helfen!

Ihr Freund und Coach,

George Kaplo
Zertifizierter Personal Trainer

Ein weiteres Buch kostenlos herunterladen

Ich möchte mich bei Ihnen für den Kauf dieses Buches bedanken und Ihnen ein weiteres Buch (genauso lang und wertvoll wie dieses Buch), „7 Fitnessfehler, von denen Sie nicht wissen, dass Sie sie machen", völlig kostenlos anbieten.

Besuchen Sie den untenstehenden Link, um sich anzumelden und zu erhalten:

www.hmwpublishing.com/gift

In diesem Buch werde ich 7 der häufigsten Fitnessfehler aufschlüsseln, die einige von Ihnen wahrscheinlich begehen, und ich werde zeigen, wie Sie sich leicht in die beste Form Ihres Lebens bringen können!

Zusätzlich zu diesem wertvollen Geschenk haben Sie auch die Möglichkeit, unsere neuen Bücher kostenlos zu bekommen, Werbegeschenke zu erhalten und andere wertvolle E-Mails von mir zu erhalten. Besuchen Sie auch hier den Link, um sich anzumelden:

www.hmwpublishing.com/gift

Copyright 2017 von HMW Publishing - Alle Rechte vorbehalten.

Dieses Dokument von HMW Publishing im Besitz der Firma A&G Direct Inc ist darauf ausgerichtet, genaue und zuverlässige Informationen in Bezug auf das behandelte Thema und den behandelten Sachverhalt bereitzustellen. Die Publikation wird mit dem Gedanken verkauft, dass der Verlag keine buchhalterischen, behördlich zugelassenen oder anderweitig qualifizierten Dienstleistungen erbringen muss. Wenn rechtliche oder berufliche Beratung erforderlich ist, sollte eine in diesem Beruf praktizierte Person bestellt werden.

Aus einer Grundsatzerklärung, die von einem Ausschuss der American Bar Association und einem Ausschuss der Verlage und Verbände gleichermaßen angenommen und gebilligt wurde.

Es ist in keiner Weise legal, Teile dieses Dokuments in elektronischer Form oder in gedruckter Form zu reproduzieren, zu vervielfältigen oder zu übertragen. Das Aufzeichnen dieser Veröffentlichung ist strengstens untersagt, und eine Speicherung dieses Dokuments ist nur mit schriftlicher Genehmigung des Herausgebers gestattet. Alle Rechte vorbehalten.

Die hierin bereitgestellten Informationen sind wahrheitsgemäß und konsistent, da jede Haftung in Bezug auf Unachtsamkeit oder auf andere Weise durch die Verwendung oder den Missbrauch von Richtlinien, Prozessen oder Anweisungen, die darin enthalten sind, in der alleinigen und vollständigen Verantwortung des Lesers des Empfängers liegt. In keinem Fall wird der Herausgeber für Reparaturen, Schäden oder Verluste aufgrund der hierin enthaltenen Informationen direkt oder indirekt rechtlich verantwortlich oder verantwortlich gemacht.

Die hierin enthaltenen Informationen werden ausschließlich zu Informationszwecken angeboten und sind daher universell. Die Darstellung der Informationen erfolgt ohne Vertrag oder Garantiezusage.

Die verwendeten Marken sind ohne Zustimmung und die Veröffentlichung der Marke ist ohne Erlaubnis oder Unterstützung durch den Markeninhaber. Alle Warenzeichen und Marken in diesem Buch dienen nur zu Erläuterungszwecken und gehören den Eigentümern selbst und sind nicht mit diesem Dokument verbunden.

Für weitere tolle Bücher besuchen Sie uns:

HMWPublishing.com

www.ingramcontent.com/pod-product-compliance
Lightning Source LLC
LaVergne TN
LVHW011725060526
838200LV00051B/3027